19555

ye

DÉCLARATION

DES

DROITS DE L'HOMME,

EN VERS FRANÇOIS,

AVEC le texte à côté, précédée d'une Ode à l'Assemblée Nationale,

Par M. Ch. . . . . . P. E. D. Ph.

Le Peuple ne craint plus de tyran qui l'opprime ;
Le foible est consolé, l'orgueilleux abattu :
La force craint la Loi, la peine suit le crime ;
Le prix suit la vertu. J. B. R.

A PARIS,

Cour du Manège, à l'entrée de Thuileries.

1790.

ODE

A L'ASSEMBLÉE NATIONALE.

Fuis loin de nous, monftre en furie,
Qui par d'infolentes clameurs,
Veux du Sénat de la Patrie
Ternir & la gloire & les mœurs :
En vain fe tourmente ta haine,
En vain ta rage fe déchaîne
Et lance des traits contre lui :
Sous fon égide impénétrable
La vertu rend invulnérable
Le Mortel dont elle eft l'appui.

Tel que l'Aftre de la Nature
Des nuits chaffe l'obfcurité,
Telle difparoît l'impofture
Au grand jour de la vérité;
Alors éclate l'innocence,
Et l'Impofteur dans le filence
Sous le remord refte abattu :
Malheur au méchant qui l'opprime,
La honte eft réfervée au crime,
Et le triomphe à la vertu.

A 2

O TOI, qui pour notre Patrie
As foutenu tant de combats,
Qui pour cette mère chérie
Te vois en butte à tant d'ingrats !
Noble Sénat, que ton courage
Regarde ce bruyant orage
Comme un ouragan paffager :
Ne fçais-tu pas que la victoire
Pour le vainqueur feroit fans gloire,
S'il ne couroit aucun danger ?

POURQUOI craindrois-tu la vengeance
De ces Vampires affamés,
Qui par état font dans la France
Au brigandage accoutumés ?
Chaffe tous ces traitans avides,
Qui par de frauduleux fubfides
L'ont réduite au plus trifte fort ;
Que leur race vile & profcrite
Paffe, tombe, fe précipite
Dans le néant dont elle fort.

CHERCHE-TU l'unique reffource
Qui peut encor tarir nos pleurs ?
Remonte à la funefte fource
D'où font dérivés nos malheurs :
Attaque & coupe en fa racine
Un vice qui travaille & mine
Le corps languiffant de l'Etat ;
Et c'eft alors que ton génie,

En lui rendant son harmonie,
Lui rendra son premier éclat.

QUEL est ce Tyran magnifique,
Au regard fier, au teint vermeil ?
De sa puissance despotique
Quel brillant & triste appareil !
Un groupe d'Amours l'environne,
De roses Vénus le couronne,
Les Graces dansent à l'entour :
Tandis que de pâles esclaves,
Traînant à peine leurs entraves,
A ses pieds maudissent le jour.

C'EST toi, père de la mollesse,
Fils de la sotte vanité,
Tyran affamé de richesse,
Idole de la volupté :
Luxe c'est toi, dont le délire
A précipité cet Empire
Dans un gouffre de maux affreux :
C'est toi qui fais trouver des charmes
Dans l'or arrosé par les larmes
Que verse un peuple malheureux.

VIENS, fille de la modestie,
Au maintien doux, au cœur sans fard,
Mère des charmes de la vie,
Simplicité qui plais sans art ;
Ramène à la France éplorée
Le temps où la divine Astrée

Régnoit dans le cœur des Mortels :
Ramène la Cour, les Provinces
Aux mœurs du plus juſte des Princes,
Et nous te voûrons des autels.

POURQUOI de ce temps mémorable
Ne verroit-on pas le retour ?
Le bonheur n'eſt point une fable
Où le Ciel trompe notre amour :
Oui, tout Mortel ſent dans ſon ame
Un deſir ardent qui l'enflamme
Pour chercher ſa félicité ;
Mais d'un ton fier ſa raiſon crie :
Briſe les fers de ta Patrie,
Point de bonheur ſans liberté.

SOUS le joug des Ariſtocrates (1),
O toi qui rampas ſi long-temps,
Et qui dans leurs races ingrates
Ne vis jamais que des tyrans !
Brave Français, avec audace,
Relève-toi, reprends ta place
Et les honneurs qui te ſont dus ;
Apprends à ces ames altières,
Que dans ce ſiecle de lumières
On n'eſt grand que par ſes vertus.

OUI, notre auguſte Aréopage,
En rappellant l'Homme à ſes droits,

---

(1) Impropre, mauvais Français.

Pour jamais bannit l'efclavage
Par la fageffe de fes loix :
Sur la profpérité publique
De fon amour patriotique
Les yeux feront toujours ouverts ;
Et grace aux Sages de la France,
La paix, la gloire & l'abondance
Naîtront du fein de nos revers.

MAIS ce deftin, fruit des alarmes,
Français, peut-il être affermi,
Si tu n'es toujours fous les armes
Prêt à repouffer l'ennemi ?
Tel qu'un arbre dans fa jeuneffe
Qu'expofe au danger fa foibleffe,
S'il n'eft d'épines entouré ;
Telle la Liberté naiffante,
Sans une garde vigilante,
Offre un bonheur mal affuré.

AINSI, LA-FAYETTE ranime
L'activité de fes Guerriers ;
C'eft à ce Héros magnanime,
Français, que tu dois des lauriers ;
Dreffe-lui donc une ftatue,
Qui fur la Difcorde abattue
Brife les verges des Tyrans ;
Que la Liberté la couronne ;
Qu'aux pieds de l'ardente Bellone
Roulent ces monftres expirans.

QUE la fille de la Nature,
Secouant un joug inhumain,
Porte une chaîne pour ceinture
Que Thémis tienne dans sa main ;
Tandis que LOUIS derrière elle,
Sous les yeux d'un Peuple fidèle,
La couronne au son des tambours :
Que du père de la lumière
La radieuse avant-courrière
Soit l'aurore de leurs beaux jours.

QUEL est ce Pilote intrépide
Qui m'offre un spectacle nouveau ?
Est-ce Minerve qui préside
A la manœuvre du vaisseau ? (1)
En vain s'irrite la tempête,
Rien ne l'émeut, rien ne l'arrête ;
L'ordre par-tout est rétabli :
Mais entre la docte Uranie
Et l'éloquente Polymnie,
Peut-on méconnoître BAILLY ?

QUE l'exemple de nos grands Hommes,
Animés pour notre bonheur,
Inspire à tous tant que nous sommes
Même courage, même ardeur :
Qu'à ses enfans le père enseigne
A ne marcher que sous l'enseigne
D'un Peuple affranchi de ses fers ;

(1) Armes de la Ville.

Ramenons l'âge, où nos ancêtres
Avoient le Ciel, la Loi pour maîtres,
Et non des Miniftres pervers.

ET toi des Rois la Fille aînée, (1)
Qui docte & fage en tes leçons,
Par la Patrie es deftinée
A lui former des nourriffons ;
Rappelle-toi que dans Athènes
Les plus célèbres Capitaines
Etoient enfans de l'Hélicon :
C'eft en vain que Minerve afpire
A rendre immortel un Empire,
Si Mars n'eft ami d'Apollon.

D'UN Sénat intrépide & fage,
D'un Roi l'idole des Français,
Que tes Elèves d'âge en âge
Chantent les vertus, les bienfaits :
Ce Sénat, leur dira l'hiftoire,
Confacra fa vie & fa gloire
Au bonheur de l'humanité ;
LOUIS rival de Marc-Aurèle
Fut des bons Rois le vrai modèle
Et Père de la Liberté.

(1) Titre de l'Univerfité de Paris.

DÉCLARATION
DES DROITS DE L'HOMME,
ET
ARTICLES DE CONSTITUTION.

ARTICLE PREMIER.

LES hommes naiffent & demeurent libres & égaux en droits; les diftinctions fociales ne peuvent être fondées que fur l'utilité commune.

I I.

LE but de toute affociation politique eft la confer-vation des droits naturels & imprefcriptibles de l'homme; ces droits font la liberté , la propriété, la fûreté & la réfiftance à l'oppreffion.

I I I.

LE principe de toute fouveraineté réfide effentiel-lement dans la Nation; nul corps, nul individu ne peut exercer d'autorité qui n'en émane expreffément.

I V.

LA liberté confifte à pouvoir faire tout ce qui ne

DROITS DE L'HOMME.

ARTICLE PREMIER.

L'HOMME libre en naiſſant ne peut avoir de maître,
Tous ſont égaux en droits, & ne ceſſent de l'être;
Et les diſtinctions dans la Société
N'ont d'autre fondement que ſon utilité.

I I.

DANS tout Corps politique on n'a d'autre ſyſtême
      Que de nous conſerver les droits
      Qu'a rendus la Nature même
      Impreſcriptibles par ſes loix :
      Réſiſter à qui nous opprime
      Eſt un droit & non pas un crime ;
    Proprieté, liberté, ſûreté,
    Voilà nos droits dans la Société.

I I I.

C'EST dans le Peuple feul, qu'abſolument réſide
      Toute la ſouveraineté ;
Et tout Individu, tout Corps qui le préſide,
      Tient de lui ſeul l'autorité.

I V.

LA liberté de l'Homme eſt un pouvoir en lui
De faire ce qu'il veut, mais ſans bleſſer autrui :
Il peut donc de ſes droits étendre l'exercice

nuit pas à autrui ; ainfi l'exercice des droits naturels de chaque homme, n'a de bornes que celles qui affurent aux autres membres de la fociété la jouiffance de ces mêmes droits ; ces bornes ne peuvent être déterminées que par la loi.

V.

LA loi n'a le droit de défendre que les actions nuifibles à la fociété. Tout ce qui n'eft pas défendu par la loi, ne peut être empêché, & nul ne peut être contraint à faire ce qu'elle n'ordonne pas.

V I.

LA loi eft l'expreffion de la volonté générale ; tous les Citoyens ont droit de concourir perfonnellement ou par leurs Repréfentans à fa formation ; elle doit être la même pour tous, foit qu'elle protège, foit qu'elle puniffe. Tous les Citoyens étant égaux à fes yeux, font également admiffibles à toutes dignités, places & emplois publics, felon leur capacité, & fans autres diftinctions que celles de leurs vertus & de leurs talens.

V I I.

NUL homme ne peut être accufé, arrêté ni dé-tenu que dans les cas déterminés par la loi & felon

Jufqu'au terme commun où finit la Juftice,
Qui feul affure à tous l'ufage de leurs droits :
De défigner ce terme il n'appartient qu'aux Loix.

V.

LE pouvoir de la Loi fe borne à nous défendre
Toute action nuifible à la Société ;
Tout ce qu'elle n'a point défendu d'entreprendre,
Sans nul empêchement peut être exécuté :
La contrainte ne peut s'étendre
A ce qui n'eft point *décrété*.

V I.

De la volonté générale
La Loi n'eft que l'expreffion,
ET tous les Citoyens d'une manière égale
Ont droit de concourir à fa formation,
Où chacun eft cenfé, fi ce n'eft en perfonne,
Par des Repréfentans régler ce qu'elle ordonne.
Soit que la Loi protège ou puniffe un Mortel,
Elle doit envers tous imiter l'Eternel :
Dès que les Citoyens font égaux devant elle,
Ils doivent donc tous être également traités,
Être admis aux emplois, places & dignités,
Selon leurs feuls talens, leurs vertus & leur zèle.

V I I.

JAMAIS un Citoyen ne peut être accufé,
Arrêté, détenu, vexé par des pourfuites,
A moins que ce ne foit dans les formes prefcrites,
Et toujours dans un cas par la Loi prononcé :
Quiconque follicite, expédie, exécute,
Ou fait exécuter des ordres abfolus,

les formes qu'elle a preſcrites. Ceux qui ſollicitent, expédient, exécutent ou font exécuter des ordres arbitraires, doivent être punis; mais tout Citoyen appellé ou ſaiſi en vertu de la loi, doit obéir à l'inſtant: il ſe rend coupable par la réſiſtance.

V I I I.

LA loi ne doit établir que des peines ſtrictement & évidemment néceſſaires, & nul ne peut être puni qu'en vertu d'une loi établie & promulguée antérieurement au délit, & légalement appliquée.

I X.

TOUT homme étant préſumé innocent, juſqu'à ce qu'il ait été déclaré coupable, s'il eſt jugé indiſpenſable de l'arrêter, toute rigueur qui ne ſeroit pas néceſſaire pour s'aſſurer de ſa perſonne, doit être ſévèrement réprimée par la loi.

X.

NUL ne doit être inquiété pour ſes opinions, même religieuſes, pourvu que leur manifeſtation ne trouble pas l'ordre public établi par la loi.

X I.

LA libre communication des penſées & des opi-

Quelqu'élevé qu'il foit, doit trouver dans fa chûte
    Les châtimens qui lui font dus;
Mais fitôt que la Loi, toujours fage, équitable,
    Appelle ou fait faifir un Citoyen,
Il doit fans différer obéir pour le bien :
    S'il réfifte, il fe rend coupable.

V I I I.

LA loi doit n'établir que des punitions,
Qui foient évidemment, ftrictement néceffaires;
Et jamais un mortel coupable d'actions
    Par leur nature au bon ordre contraires
Ne peut être puni, qu'en vertu d'une loi,
Que le délit fuppofé établie avant foi,
Qui dûment dans l'état ait été promulguée,
Et qui légalement foit au crime appliquée.

I X.

L'HOMME étant préfumé de tout crime innocent,
Jufqu'à ce que la loi l'ait déclaré coupable,
De le faire arrêter s'il eft indifpenfable;
Pour fe faifir de lui dans un cas fi preffant,
Contre toute rigueur, qui n'eft pas néceffaire,
La loi doit s'élever & fe montrer févère.

X.

    NUL ne peut être inquiété
Pour fes opinions même religieufes,
Si leur publicité n'a des fuites fâcheufes
    Qui troublent la Société.

X I.

L'HOMME a droit d'expofer librement fa penfée
    Ainfi que fes opinions;

nions eft un des droits les plus précieux de l'homme.
Tout Citoyen peut donc parler, écrire, imprimer
librement, fauf à répondre de l'abus de cette liberté,
dans le cas déterminés par la loi.

X I I.

LA garantie des droits de l'homme & du citoyen,
néceffite une force publique : cette force eft donc
inftituée pour l'avantage de tous, & non pour l'utilité
particulière de ceux à qui elle eft confiée.

X I I I.

POUR l'entretien de la force publique, & pour
les dépenfes d'adminiftration, une contribution commune eft indifpenfable ; elle doit être également ré-
partie entre tous les Citoyens, en raifon de leurs
facultés.

X I V.

LES Citoyens ont le droit de conftater par eux-
mêmes ou par leurs Repréfentans, la néceffité de la
contribution publique, de la confentir librement,
d'en fuivre l'emploi, & d'en déterminer la quotité,
l'affiette, le recouvrement & la durée.

X V.

LA fociété a le droit de demander compte à tout
Agent public de fon adminiftration.

Et cette liberté par le ciel difpenfée,
　　Eſt un des plus beaux de ſes dons :
　Tout Citoyen peut donc parler, écrire,
Imprimer librement, mais la loi doit preſcrire
　Quels ſont les cas, qui le rendent garant
Du mal que produiroit l'abus de ſon talent.

X I I.

IL faut entretenir une force publique,
Pour garantir les droits à l'homme, au Citoyen :
La force a donc pour but, dans tout corps politique,
Les intérêts communs, dont elle eſt le ſoutien,
Et non l'utilité, les fins particulières
De tous ceux qui n'en ſont que les dépoſitaires.

X I I I.

POUR ſubvenir aux frais d'adminiſtration,
　Pour l'entretien d'une force commune,
Il faut que tous ſoient mis à contribution
　également & ſelon leur fortune.

X I V.

LES Citoyens ont tous un droit égal
　De conſtater & les beſoins extrêmes
Et la néceſſité de l'impôt général,
Par des Repréſentans, ſi ce n'eſt par eux-mêmes,
　De le conſentir librement,
　D'en ſurveiller auſſi l'uſage,
Régler la quotité par un examen ſage,
L'aſſiette & la durée & le recouvrement.

X V.

RENDRE un Agent public de ſes faits reſponſable,
C'eſt des ſociétés le droit inconteſtable.

X V I.

TOUTE fociété dans laquelle la garantie des droits n'eft pas affurée, ni la féparation des pouvoirs déterminée, n'a point de conftitution.

X V I I.

LES propriétés étant un droit inviolable & facré, nul ne peut en être privé, fi ce n'eft lorfque la néceffité publique, légalement conftatée, l'exige évidemment & fous la condition d'une jufte & préalable indemnité.

X V I.

LORSQUE les droits chez une nation
N'ont pas de sûre garantie,
Et que la main d'un feul des pouvoirs eft faifie ;
Elle n'a point de conftitution.

X V I I.

DES droits le plus facré, le plus inviolable ;
C'eft le droit de propriété,
Pour aucune raifon valable,
A l'homme il ne peut être ôté ;
A moins que l'intérêt de la chofe publique ;
Légalement prouvé n'y force évidemment,
Et fauf l'indemnité, que ce droit revendique,
Qui doit être avant tout payée exactement.

www.ingramcontent.com/pod-product-compliance
Lightning Source LLC
Chambersburg PA
CBHW050430210326

41520CB00019B/5868